Ich weiß nicht, ob ich Wittenberg und seine Umgebung lieber ein elysisches Gefilde oder ein Paradies auf Erden nennen soll.

Stadtschreiber
Andreas Meinhardi, 1507

Lutherstadt
WITTENBERG

Ein Rundgang
von
Volkmar Joestel

BuchVerlag
für die Frau

› Titel: Stadtkirche (vor der Restaurierung)
› S. 2: Coswiger Straße mit Blick zur Stadtkirche

ISBN 978-3-89798-504-9

Fotos: fotolia.com (Titel), Marko Ehrhardt, Leipzig (S. 34/35, 72/73), Dr. Lutz Gebhardt (S. 38/39, 43), Kathleen Busies, Leipzig (alle übrigen Fotos), S. 111: Mit freundlicher Genehmigung der Stiftung Luthergedenkstätten in Sachsen-Anhalt, S. 121: Mit freundlicher Unterstützung von www.lutherhochzeit.de
Einband, Satz und Typografie:
Susanne Weigelt, Leipzig
Druck: Salzland Druck, Staßfurt
Bindearbeiten:
Müller Buchbinderei GmbH Leipzig

Printed in Germany
www.buchverlag-fuer-die-frau.de

INHALT

DIE STADT ZUR LUTHERZEIT UND HEUTE

Luther selbst hat sich über Wittenberg gelegentlich abwertend geäußert: „Wir sitzen allhier in Wittenberg nur in einer Schindleiche. Die Wittenberger leben an der Grenze der Zivilisation. Wenn man nur ein wenig weiterginge, käme man mitten in die Wildnis." Da der Reformator vorher mit den Bischofssitzen Magdeburg und Erfurt deutsche Großstädte kennengelernt hatte, konnte er der mittleren Landstadt mit 2000 Einwohnern, die Wittenberg im 16. Jahrhundert war, erst einmal nichts abgewinnen. Später jedoch bekundete er Liebe zu seiner neuen Heimat: „Wittenberg, die kleine arme Stadt, einen großen Namen jetzund hat." Immerhin war sie eine der kursächsischen Residenzen und besaß seit 1502 eine Universität.

Als sich der Augustinermönch Martin Luther im Herbst 1508 von Erfurt nach Wittenberg aufmachte, um einen philosophischen Lehrstuhl zu übernehmen, bot sich ihm, als er sich der Stadt näherte, ein ähnliches Panorama wie dem heutigen Besucher: Jenseits der Elbe überragte im Westen das imposante Schloss Kurfürst Friedrichs des Weisen mit der Schlosskirche alle anderen Bauten. Im Zentrum sah er, neben dem noch unscheinbaren Rathaus, die zwei Türme der Pfarrkirche Sankt Marien, seiner künftigen Predigtkirche. Die

Gebäude der Universität dominierten den östlichen Stadtteil. Ganz im Osten lag das Augustiner-Eremiten-Kloster. Es sollte für 38 Jahre Luthers Zuhause werden. Diese West-Ost-Ma-

› *Wittenberg, Stadtansicht 1536/37*

gistrale war die Lebensader der Stadt und ist heute die „historische Meile" für Besucher.

Damit sind gleichzeitig die für die Stadt und auch für Luthers Wirken wichtigsten Institutionen benannt: Die Stadt war eine Residenz des sächsischen Kurfürsten, der vor allem über seine bedeutendste Gründung, die Universität, seit 1502 auch unmittelbaren Einfluss auf die Stadtentwicklung nahm. Zentrum der Bürgerschaft bildete das Rathaus. Kirchliche Zentren waren neben der Stadtkirche das Allerheiligenstift mit der Schlosskirche, dazu seit 1261 ein Franziskaner- und seit 1504 ein Augustiner-Eremiten-Kloster.

Zu Luthers Zeiten war die Stadt traditionell in **vier Viertel** aufgeteilt: das *Schlossviertel*, das *Marktviertel*, das *Judenviertel* und das *Elstervier-*

tel. Es gab drei Stadttore. Die Stadt war von mächtigen Festungsmauern und -wällen umgeben. Bis heute hat sich diese historische Struktur erhalten, weil die Stadt erst 1873 ihre Funktion als Festung verlor. Ende des 19. Jahrhunderts ließ Major a. D. Fritz Eunike aus den alten Wallanlagen einen noch heute existierenden schönen **Park** gestalten.
Wo Luther am 10. Dezember 1520 öffentlich kirchliche Gesetzbücher, Schriften seiner Gegner und zum Schluss einen Druck der Bannandrohungsbulle verbrannt hatte, steht heute die Luthereiche im Osten des später angelegten Parks. Der Baum war 1830 anlässlich des 300. Jubi-

läums der Augsburgischen Konfession gepflanzt worden. Seit einigen Jahren entsteht in den südlichen Parkanlagen in Vorbereitung auf das 500-jährige Jubiläum der Reformation 2017 ein ***Luthergarten*** – initiiert vom Lutherischen Weltbund und der Vereinigten Evangelisch-Lutherischen Kirche Deutschlands. Bis April 2016 standen bereits 340 der geplanten 500 Bäume. Das soll auch an den angeblichen Lutherspruch erinnern: „Wenn ich wüsste, dass morgen die Welt untergeht, würde ich heute noch ein Apfelbäumchen pflanzen." (Allerdings wurde der Spruch dem Reformator erst nach 1945 in den Mund gelegt.)

› Luthereiche

Im „preußischen" 19. Jahrhundert wurde der Gebäudebestand der Stadt stark überformt und geändert. Da erhielten neben der Schlosskirche auch die Universität und das Lutherhaus (das ehemalige Augustiner-Eremitenkloster) zusammen mit ihren neuen Funktionen völlig neue Architekturfassungen, sowohl außen als auch innen. So ist die Stadt heute eine Denkmallandschaft in mindestens zweifacher Hinsicht: zum einen für Luthers Wirken im 16. Jahrhundert und zum anderen für die spezifisch preußische Luthererinnerung und -verehrung im 19. Jahrhundert.

Seit 1996 sind die Wittenberger Lutherstätten, also die Schlosskirche,

die Stadtkirche St. Marien sowie die zur *Stiftung Luthergedenkstätten in Sachsen-Anhalt* gehörenden Gedenkstätten *Melanchthonhaus* und *Lutherhaus,* Teile des UNESCO-Welterbes.
Mit Blick auf das Reformationsjubiläum 2017 werden all diese Lutherstätten umfassend saniert und restauriert. Zudem wird im Gedenkjahr in einer Rotunde das 360°-Panorama von Yadegar Asisi *LUTHER 1517* zu sehen sein.

STADT-GESCHICHTE IM ÜBERBLICK

(kurzer Abriss)

1180 erstmalige Erwähnung des „burchwardum Wittenburg"
1180–1422 Herrschaft der Askanier im Herzogtum Sachsen
1293 Verleihung des Stadtrechts durch Herzog Albrecht II.
1356 Herzog Rudolf I., unter dem Wittenberg zur Residenz wird, erhält vom Kaiser die Kurwürde
1422 Herzogtum Sachsen fällt an die Wettiner
1485 Teilung des Herzogtums in eine Ernestinische (nach Kurfürst Ernst) und eine Albertinische Linie (nach Herzog Albrecht). Hauptresidenz des Ernestinischen Sachsens wird Wittenberg.
1502 Gründung der Universität Wittenberg

1517 Wittenberg wird Zentrum der Reformation infolge von Luthers Auftreten gegen den Ablass

1525–1532 Regentschaft des Bruders Friedrichs des Weisen, Herzogs Johanns des Beständigen

1547 Im Ergebnis des Schmalkaldischen Kriegs fällt Wittenberg an den neuen Kurfürsten, den Albertiner Moritz; Wittenberg verliert den Status der Residenz

1760 verheerende Beschießung der zeitweilig preußisch besetzten Stadt durch die Reichsarmee im Siebenjährigen Krieg (1756–1763)

1806 Sachsen unterwirft sich Napoleon nach der Schlacht bei Jena und Auerstedt; nach der Besichtigung der

Stadt durch Napoleon am 23. Oktober 1806 Ausbau zur Festung auf Befehl Napoleons

1813/1814 mehrmonatige Belagerung und Beschießung der französisch besetzten Stadt durch preußische Truppen bis zur Erstürmung am 12./13. Januar 1814

1815 Auf Beschluss des Wiener Kongresses fällt Wittenberg an Preußen

1817 Auflösung der Universität und Vereinigung mit der Universität Halle/Saale durch König Friedrich Wilhelm III.; als „Ersatz" erhält Wittenberg ein evangelisches Predigerseminar

1820 Wittenberg wird Garnisonsstadt; Schloss und Universitätsgebäude werden Kasernen

_1841_ Anschluss an die Bahnstrecke der Berlin-Anhaltischen Eisenbahn

_1848_ Zweiter Evangelischer Kirchentag und Gründung der *Inneren Mission* durch Johann Hinrich Wichern in der Schlosskirche, einer Vorläuferin des diakonischen Werkes

_1873_ Befehl zur Entfestigung der Stadt; Beginn der Industrialisierung: ab 1894 Westfälisch-Anhaltische Sprengstoff-Aktiengesellschaft (WASAG), Maschinenbau, Gummiwerk; Höhepunkt ist der Bau des Stickstoffwerks 1915 im heutigen Ortsteil Piesteritz

_1922_ Beschluss von Magistrat und Stadtverordnetenversammlung, den Namen *Lutherstadt Wittenberg* zu führen (offizielle Anerkennung erst 1938)

1935 Zweigbetrieb der Arado Flugzeugwerke: Zwangsarbeit von Frauen aus dem KZ Ravensbrück

1938 Pogromnacht am 9. November: Ausschreitungen vor jüdischen Geschäften und Wohnungen; in der Folge Verhaftung und Deportation jüdischer Einwohner

1945 Einnahme der Stadt durch die Sowjetarmee am 26. April; bis 1991 ist Wittenberg sowjetische Garnison

1946 Gründung eines städtischen Theaters

1948 Beginn der Einrichtung des natur- und völkerkundlichen Museums *Julius Riemer* im Schloss

1952–1983 Jubiläumskultur mit der Reformation im Fokus: 450. Jahrestag der Gründung der Wittenberger Universität (1952), Gedenktag zum 400. Todestag Lucas Cranachs d. Ä. (1953), großer historischer Festumzug zur 450-Jahr-Feier der Reformation (1967), deutschlandweiter Evangelischer Kirchentag zum 500. Geburtstag Luthers (1983)

1989 Demonstrationen von tausenden Bürgern in der Stadt

nach 1990 Wegfall vieler Arbeitsplätze im Industriebereich, Abwanderung, Rückbau der Plattenbaugebiete, aber auch Umstrukturierung und umfangreiche Restaurierungen in der Stadt

2008 Beginn der *Lutherdekade* zur Vorbereitung des Reformationsjubiläums 2017

EIN RUNDGANG

STADTKIRCHE, BUGENHAGENHAUS UND KIRCHHOF

Zentraler Ort der Reformation ist die **Stadtkirche St. Marien**, in der Martin Luther seit etwa 1514 als Prediger wirkte. Als er sich 1521/22 auf der Wartburg bei Eisenach befand, hielt sein Mitstreiter und späterer Gegner Andreas Bodenstein, genannt Karlstadt, am Weihnachtsabend 1521 den ersten evangelischen Gemeindegottesdienst. Seit 1523 war Luthers enger Freund Johannes Bugenhagen Stadtpfarrer an dieser Kirche, dessen Predigten wegen ihrer Länge berüchtigt und gefürchtet waren. Während

nun Bugenhagen vom Herbst 1530 bis Frühjahr 1532 in Lübeck die Reformation organisierte, vertrat ihn Luther im Predigtamt. In diesen Predigten hat Luther, wohl mit Seitenblick auf Bugenhagen, seine Predigtgrundsätze dargelegt, die später zu dem Bonmot verkürzt worden sind: „Tritt frisch auf, tu's Maul auf, hör bald auf!"
1280 wurde der Bau der Kirche begonnen, die ursprünglich nur den heutigen zweischiffigen Chor (Altarraum) umfasste. Mitte des 14. Jahrhunderts kam ein Anbau im Westen hinzu, der im 15. Jahrhundert zu einer mächtigen dreischiffigen gotischen Halle mit zwei Türmen erwei-

tert und 1439 geweiht wurde. 1547 wurden im Schmalkaldischen Krieg die Turmaufsätze abgetragen, um Kanonen aufstellen zu können. Neue Hauben erhielten die Türme erst zwischen 1556 und 1558. In einer wurde eine Türmerwohnung eingerichtet, die bis 1945 bewohnt war und heute als Museum zu besichtigen ist. In den folgenden Jahrhunderten fanden mehrfach An- und Umbauten statt, vor allem der Emporen im Inneren. Nach den Beschädigungen durch die Beschießung 1760 im Siebenjährigen Krieg wurden 1810/11 an drei Seiten des Langhauses breite Emporen im klassizistischen Stil und eine neue Kanzel eingebaut und das Innere umfassend erneuert. Bis heute prägt diese Umgestaltung das Kircheninnere. 1983 wurde die Orgel von der Firma Sauer aus Frankfurt (Oder) unter Verwendung älterer Orgelteile gebaut. Der dreiflügelige Altar von Lucas Cranach d. Ä. und seinem Sohn ist das größte und schönste Kunstwerk der Kirche. 1539 wurde er begonnen und 1547 aufgestellt.

Bemerkenswert ist an der südöstlichen Außenwand der Kirche das von etwa 1280 stammende Relief der „Judensau". Darüber liest man „Rabini Schem HaMphoras". Die von 1570 stammende Inschrift ist eine Anspielung auf eine der judenfeindlichen

Schriften Luthers von 1543. Aus einer Zahlen- und Buchstabenspekulation hatte die mittelalterliche jüdische Mystik den Namen Gottes als „Schem ha-meforasch" ausgelegt. Er würde dessen besondere Heiligkeit ausdrücken. Luther hatte sich voller Häme darüber geäußert.
Zur Erinnerung an den 50. Jahrestag der Pogromnacht vom 9./10. November 1938 wurde am 11. November 1988 im Boden des Kirchplatzes unterhalb der „Judensau" ein Mahnmal enthüllt. Wieland Schmiedel hat die Bronzetafel mit vier zum Quadrat angeordneten Platten geschaffen. Aus den Lücken, die ein Kreuz bilden, ragt geschundenes Fleisch hervor.

› *Mahnmal zur „Kristallnacht" 1938*

Das **Bugenhagenhaus**, ein zweigeschossiges Eckhaus im Nordosten des Kirchplatzes, wurde 1523 durch den Hauptpfarrer Simon Heins erbaut und im gleichen Jahr Amtssitz des langjährigen Pfarrers Johannes Bugenhagen. Bis 1997 lebten und

arbeiteten hier die Wittenberger Superintendenten. Bei einem Umbau 1731/32 erhielt es das noch heute prägende holländische Dach. Grundlegend saniert wurde es zwischen 2004 und 2007 mit Mitteln der Wüs-

› *Bugenhagenhaus*

tenrot Stiftung. Genutzt wird es als „Geistliches Gemeinde- und Begegnungszentrum“. Die Stadtkirchengemeinde hat ihrem ersten Pfarrer 1894 wenige Meter vor dem Haus ein Denkmal gesetzt.

MARKTPLATZ UND RATHAUS

Wittenberg erhielt 1293 das Stadtrecht. Zentrum des mittelalterlichen städtischen Lebens war der Marktplatz mit dem erstmals im 14. Jahrhundert erwähnten **Rathaus**. Von 1523 bis 1535 errichtete man einen Neubau; im Ostteil des ersten Obergeschosses befand sich der Bürgersaal mit Verkaufsständen, wo auch am 27. Juni 1525 die offiziellen Feierlichkeiten zu Luthers Hochzeit mit Katharina von Bora stattfanden. Im Sommer 1563 stürzte das Rathaus teilweise ein und wurde zwischen 1570 und 1572 wieder aufgebaut –

mit einem Altan (Vorbau) des Torgauer Bildhauers Georg Schröter, der von allegorischen Figuren und verschiedenen Sprüchen geziert wird, darunter Luthers Mahnung: „Fürchte Gott, ehre die Obrigkeit und sei nicht unter den Aufrührern!"
Bis heute ist das Rathaus außen durch die Gestaltung des späten 16. Jahrhunderts geprägt. 1768 erfolgte eine Generalinstandsetzung, wohl zur Vorbereitung der prunkvollen Huldigungsfeier für den Kurfürsten 1769 in Wittenberg. Von 1926 bis 1928 wurde das gesamte Innere umgestaltet, auch Giebel und Fenstergewände wurden erneuert. Die letzte umfassende Renovierung er-

LUTHER
2017

folgte von 2002 bis 2006. Seitdem wird im Erdgeschoss die Dauerausstellung „Bilder sagen mehr als Worte. Christliche Kunst im 20. Jahrhundert. Graphiken aus der Sammlung Scheufelen" gezeigt, verantwortet von der Stiftung Christliche Kunst Wittenberg, die 2001 vom Ehepaar Scheufelen gegründet worden ist. Die Ausstellung zeigt Graphiken bedeutender Künstler von Ernst Barlach bis Werner Tübke.
Mit dem Rathaus verknüpft ist auch eine eher dunkle Seite der Stadtgeschichte: Vor dem Rathaus stand bis ins 18. Jahrhundert das Schafott. Seine vier Fundamentsteine sieht man heute noch vor dem Altan.

Die dritte Frau des Postkommissars Johann Georg Zimmermann wurde 1728 hier „geschleift und gerädert", weil sie dessen Kinder aus früheren Ehen vergiftet hatte. Noch heute ist ihre mumifizierte Hand in den Städtischen Sammlungen zu besichtigen. Seit dem 19. Jahrhundert prägen die **Bronzestandbilder Martin Luthers** (Foto S. 43) **und Philipp Melanchthons** den Marktplatz. Das Lutherdenkmal hatte Johann Gottfried Schadow schon 1805 entworfen, aber erst nach den Napoleonischen Kriegen verfügte der preußische König die Grundsteinlegung für den 1. November 1817 auf dem Marktplatz. Am Reformationstag 1821 wurde

das Denkmal feierlich eingeweiht. Jahrzehnte später, 1856, ergriff ein Komitee unter Federführung des Bürgermeisters die Initiative, auch Melanchthon ein Denkmal zu errichten. Beauftragt mit der Ausführung wurde 1858 Friedrich Drake, dessen Entwurf dem Lutherdenkmal nachempfunden war. Am 19. April 1860, dem 300. Todestag Melanchthons, wurde der Grundstein gelegt; fünf Jahre später wurde es eingeweiht.
Umgeben ist der **Marktplatz** von Bürgerhäusern. Einige weisen noch Elemente aus dem 16. Jahrhundert auf. Dazu gehören der Cranachhof (Markt 4) und das benachbarte Haus (Markt 3) sowie der Beyerhof

(Markt 6, Foto S. 57), das Wohnhaus des Wittenberger Bürgermeisters und kurfürstlichen Kanzlers Christian Beyer (1482–1535). Im Südflügel befindet sich seit 1999 das Brauhaus mit Hotel und Gaststätte. Hier kann man auch selbstgebraute Biere trinken. Links daneben steht das Hotel *Goldener Adler*. 1449 baute sich der Rat hier ein städtisches Weinhaus. 1524 wurde der Weinschank in das neue Rathaus verlegt. Deshalb verkaufte der Rat das alte Weinhaus an den Stadtrichter Urban Kranepuhl. Der richtete einen Gasthof ein und nannte ihn ***Zum Adler***. Bis heute wird erzählt, dass Luther in dieser Gaststätte einmal die Rechnung schuldig geblieben sei und sein Leben lang nicht bezahlt habe. Wenn Luther, und das ist aktenkundig, seit 1525 mehrfach in den Stadtrechnungen als Schuldner von Weinrechnungen des Rats auftaucht, bezieht sich dies also nicht auf den „Adler", sondern auf den städtischen Weinausschank im Rathaus. 1525 heißt es in der Ratsrechnung: „Zwei Schock Groschen, 16 Groschen, 2 Pfennige für Wein, hat Doktor Martinus Luther das ganze Jahr über im Stadtkeller holen lassen und der Rat hat's für ihn bezahlt." Im Jahre 1528 vermerkte der Kämmerer: „2 Schock Groschen, 1 Groschen, 4 Pfennige für Wein, welchen Doktor Martinus das Jahr

über in dem Ratskeller hat holen lassen und der Rat ihn darum nicht hat mahnen wollen." Und im Jahre 1536 wird ausgewiesen: „18 Groschen für zwei Kannen Malvasierwein [südliche Rebsorte] und eine Kanne Rheinvall [von „vallis" = Veltliner] hat Doktor Martinus dieses Jahr im Stadtkeller holen lassen, ist aber unbezahlt geblieben." Ähnliche Vermerke finden sich für weitere Jahre. War es für den Rat eine Ehre, die Weinrechnungen des berühmten Doktors der Heiligen Schrift bezahlen zu dürfen? Oder fand man im Rat nicht die Courage, ihn zu mahnen? Wir wissen es nicht, können aber wohl annehmen, dass der Wein Luther geschmeckt hat.

Immerhin hat der Reformator einmal geäußert: „Wein hat das Zeugnis in der Heiligen Schrift. Bier aber hat nur menschliche Tradition." Im 19. und 20. Jahrhundert ist das als Hotel und Gaststätte genutzte Gebäude umgebaut worden, das vor allem wegen seiner Jugendstilelemente in den Gasträumen einen Besuch wert ist.

DIE CRANACHHÖFE

An der Südseite des Marktplatzes findet man die beiden **Cranachhäuser und -höfe**. Lucas Cranach d. Ä. war 1505 als kurfürstlicher Hofmaler nach Wittenberg gekommen. Der *Maler der Reformation* war viele Jahre Ratsmitglied, mehrmals Bürgermeister, persönlicher Freund Luthers und dazu ein einflussreicher sowie der wohlhabendste Wittenberger Bürger seiner Zeit. Mit seinem Wirken und dem Wirken seines Sohnes Lucas Cranachs d. J. sind in Wittenberg zwei Häuser verbunden: die *Cranachhöfe*. Wie viele andere historische Bauwerke waren sie in der

› Cranachhaus Markt 4

DDR dem Verfall preisgegeben. Ein Gesprächskreis der evangelischen Kirche rief bereits vor November 1989 zu ihrer Rettung auf. Ein Jahr später initiierte ein Förderverein die 1994 erfolgte Gründung der *Cranach-Stiftung*. Sie war forthin für die Sanierung und den Betrieb der beiden Häuser verantwortlich.

Der Maler lebte nach seiner Ankunft in Wittenberg zunächst in der Malerstube im Schloss. 1512 erwarb er die Grundstücke Markt 3 und 4. Nachdem er um 1512 geheiratet hatte, verkaufte er beide Anwesen um 1517/18 und kaufte zusammen mit dem Goldschmied Christian Döring ein Haus (heute Schlossstraße 1)

› *Cranachhof Schlossstraße 1*

von Valentin Mellerstadt, einem Sohn des Gründungsrektors der Wittenberger Universität. Als Leibarzt des Kurfürsten hatte bereits dieser hier die städtische Apotheke betrieben, deren Eigentümer Cranach nun auch wurde. Das kurfürstliche Privileg für den eigenen Betrieb erhielt er allerdings erst 1520. Es bestimmte auch, dass Cranach nicht nur Medikamente verkaufen, sondern auch süßen Wein ausschenken durfte. Seit 1799 befindet sich im Vorderhaus wieder die nach 1541 zwischenzeitlich zum Markt 4 verlegte Apotheke. Daneben wurde 2009 die *Cranach-Herberge* eröffnet. Die *Malschule*, eine Kinder- und Jugendkunstschule, wurde im südlichen und östlichen Seitengebäude eingerichtet. Auch eine historische Druckerstube und die Gaststätte *Hofwirtschaft* gibt es hier seit 1996. Eine lebensgroße Bronzeplastik von Lucas Cranach d. Ä. sitzt seit 2005 vor dem Südflügel der Malschule.

MALSAAL

Lucas Cranach kaufte 1522 ebenfalls das Haus am Markt 4 zurück und betrieb zusammen mit Christian Döring zwischen 1523 und 1526 einen Buchverlag, in dem unter anderem viele Lutherschriften gedruckt wurden. Bei der Restaurierung zwischen 2002 und 2007 wurde die barocke Fassung wiederhergestellt. Wertvolle Renaissancemalereien an den Decken und Wänden des Vorderhauses konnten freigelegt werden, vermutlich auch aus der Cranach-Werkstatt.

› *Beyerhof mit dem heutigen „Brauhaus" (Markt 6)*

SCHLOSS UND SCHLOSSKIRCHE

Bis heute bilden **Schloss** und Schlosskirche eine sichtbare Einheit, die auch die enge Verzahnung von weltlichen und geistlichen Gewalten vom Mittelalter bis in die Neuzeit verdeutlicht. Vom stolzen Residenzschloss Kurfürst Friedrichs des Weisen sind heute allerdings nur noch Reste erhalten. Erstmals erwähnt wurde der *Burgward Wittenberg* 1180. Die askanischen Herzöge, die Nachfahren Albrechts des Bären, hatten bis 1422 hier ihren Sitz, den sie im 13. und 14. Jahrhundert zur Residenz ausbauen ließen. 1355 erhielt das Her-

zogtum Sachsen die Kurwürde und gehörte damit zu den sieben mächtigen Fürstentümern, deren Aufgabe es war, die deutschen Könige zu wählen. Für das Seelenheil seiner Familie gründete Herzog Rudolf I. 1338 in einer Kapelle am Schloss das Allerheiligenstift, das seit 1346 auch die herzogliche Reliquiensammlung beherbergte. Deren Glanzstück war ein angeblicher Dorn aus der Dornenkrone Christi: Wenn diese Reliquie gezeigt wurde, bedeutete das die Gewährung von Ablass für Sündenstrafen.

Der letzte askanische Kurfürst starb 1422, Nachfolger wurden 1423 die Wettiner. Als 1485 die zwei Brüder

Ernst und Albrecht das Gebiet in das ernestinische Kurfürstentum und das albertinische Herzogtum aufteilten, fiel Albrecht die alte Mark Meißen, also die Gebiete um Dresden und Leipzig zu. Kurfürst Ernst erhielt das Gebiet um Wittenberg und große Teile Thüringens. Sein Sohn, Kurfürst Friedrich der Weise, trat 1486 seine Regierung an und begann sofort damit, seine Residenz würdig auszubauen: Er ließ das alte Schloss abbrechen und auf seinen Grundmauern von 1489 bis 1496 ein neues errichten. Die Planungen dafür stammten wahrscheinlich von Konrad Pflüger, dem Baumeister der Meißener Albrechtsburg. Die noch heute erkennbare dreiflügelige Anlage bildete das Hauptschloss, die Flügel sind durch zwei Rundtürme und zwei Treppenhäuser verbunden. Der nördliche Turm wurde zum Turm der Schlosskirche.

Von der Schlossausstattung ist nur wenig bekannt und nichts mehr vorhanden. Während des Beschusses 1760 wurde auch das Schloss stark beschädigt, alle Gemälde fielen den Flammen zum Opfer. Die Wirtschaftsgebäude im Vorschloss wurden im 18. und 19. Jahrhundert zu „Amtshäusern" verändert; der um 1515 errichtete Südflügel wurde 1760 ebenfalls zerstört. Bei Grabungen 2010 wurden Reste der Küche und der Vorratskeller entdeckt, auf deren Grundmauern bis 2017 die Räume des Predigerseminars entstehen.

Nachdem das Schloss gebaut war, errichtete man von 1496 bis 1509 die **Schlosskirche** für das Allerheiligenstift. Weder vom kurfürstlichen Reliquienschatz noch von der übrigen Einrichtung aus der Bauzeit der Kirche sind in Wittenberg Kunstwerke erhalten. Stift und Stiftskirche wurden 1507 in die Universität eingegliedert und alle zwölf Kanoniker zur Lehrtätigkeit verpflichtet. Damit hatte die Stiftskirche auch die Funktion einer Universitätskirche, in der beispielsweise Rektorwahlen und feierliche Promotionen stattfanden.

Das **Portal der Schlosskirche** ist möglicherweise das berühmteste Deutschlands, vielleicht der Welt: Der Überlieferung zufolge soll der Theologieprofessor Martin Luther am 31. Oktober 1517 seine 95 Disputationsthesen gegen den Ablassmissbrauch an das Portal der Kirche angeschlagen haben. Bis heute allerdings konnte nicht geklärt werden, ob die Thesen tatsächlich an die Tür angeschlagen worden sind, zumal es keinerlei Beleg aus Luthers Lebenszeit gibt. Doch immerhin berichtete Luther, dass er 1527 anlässlich des zehnten Jahrestages des „Beginns des Kampfes gegen die Ablässe" mit Freunden die Gläser klingen ließ.

1547 besiegten die kaiserlichen Truppen im Schmalkaldischen Krieg den Wittenberger Kurfürsten Johann Friedrich. Stadt und Schloss verloren langsam an Bedeutung. Nach dem Dreißigjährigen Krieg schließlich wurde das Schloss zum Verwaltungssitz degradiert, verwaiste und verfiel zusehends. Bei der Beschießung 1760 wurde auch die Schlosskirche stark zerstört, bis auf die Umfassungsmauern blieb nichts übrig. Dabei verbrannte die hölzerne „Thesentür". Von 1767 bis 1770 wurde die Kirche um- und neugebaut. Besonders schlimm traf es Stadt und Schlosskirche 1813 bei der Belagerung durch die Truppen

Napoleons, die unter anderem auch die völlige Zerstörung des Turmaufsatzes zur Folge hatte. Der Kirchenraum verkam, weil die Franzosen ihn als Proviantmagazin missbrauchten. Nachdem Wittenberg 1815 preußisch geworden war, wurden die Reste des Schlosses zur Zitadelle umgebaut.
Karl Friedrich Schinkel schlug zum 300. Reformationsjubiläum 1817 eine gründliche Restaurierung der reformatorischen Stätten vor. Die sächsischen lutherischen Geistlichen empfanden dies jedoch als preußische Bevormundung und verhinderten jegliche Veränderungen. Doch konnte zumindest von 1845 bis 1858 die bis heute zu besichtigende

„Thesentür“ im Auftrag des preußischen Königs Friedrich Wilhelm IV. erneuert werden. Auf den bronzenen Türflügeln sieht man den vergoldeten Text der 95 Thesen.
Pläne zur Renovierung der gesamten Kirche konnten aber erst Ende des 19. Jahrhunderts umgesetzt werden. Kronprinz Friedrich Wilhelm beauftragte schließlich 1883 Friedrich Adler mit einem neuen Entwurf, die Umsetzung erfolgte von 1885 bis 1892. Eine dreischiffige Halle entstand, der Turm wurde um 22 Meter erhöht und erhielt einen Kuppelhelm in Form einer monumentalisierten Kaiserkrone – ein Sinnbild für die preußische Einheit von Thron und

Altar. Im Beisein Kaiser Wilhelms II. fand die prunkvolle Einweihung der Kirche am Reformationstag 1892 statt. Bis heute präsentiert sich die Kirche in dieser Gestalt, die zu einem Pantheon deutscher evangelischer Glaubenshelden wurde: Standbilder, Bronzemedaillons und Glasfenster zeigen Reformatoren und ihre Vorläufer sowie die Wappen von protestantischen Fürsten und Städten. 1886 wurden Altar und Kanzel errichtet. Der Altar zeigt den Gekreuzigten, Petrus, Paulus und weitere Apostel.

Links und rechts vom Altar sieht man Skulpturen von 1519/20 aus Kalkstein. Sie stellen den betenden

Kurfürsten Friedrich den Weisen und seinen Bruder Johann den Beständigen dar. Im Boden davor sind die Grabplatten beider Kurfürsten eingelassen, an den Chor-Seitenwänden sieht man Bronze-Epitaphien für beide Fürsten, links das für Friedrich, rechts das für Johann.

Das **Grab Martin Luthers** befindet sich im Kirchenschiff rechts des Mittelgangs unterhalb der Kanzel. Nach seinem Tod in Eisleben am 18. Februar 1546 war sein Leichnam unter großem Anteil der Bevölkerung nach Wittenberg überführt worden. Am 22. Februar fand er in der Kirche seine letzte Ruhestätte. Eine alte Legende aus dem 18. Jahrhundert besagt, die Anhänger Luthers hätten vor dem Schmalkaldischen Krieg aus Angst vor befürchteten Anschlägen seinen Leichnam entfernt und an einem geheimen Ort beigesetzt. 1892 jedoch stieß man bei einer geheimen Grabung in einer Tiefe von zwei Metern auf den eingebrochenen Sarg mit Luthers sichtbaren Gebeinen. Die Schlosskirche ist also wirklich die letzte Ruhestätte des Reformators.

Unter der Orgelempore, befindet sich die mit einer Grabplatte bedeckte **Gruft** für die Gebeine der askanischen Herzöge, die 1885 aus dem Franziskanerkloster überführt worden sind. 2009 hatten Archäologen in der Ruine des ehemaligen Franziskaner-

EIN FESTE BURG IST

klosters auf dem Arsenalplatz auch das unversehrte Grab Rudolfs II., seiner Frau und seiner Tochter gefunden. Im Zuge der baulichen Neugestaltung des gesamten Areals ist seit 2016 in der *Historischen Stadtinformation* auch der Ort dieser Grabstätte zu sehen und dokumentiert.

Der traurige Zustand des Schloss- und Schlosskirchenensembles wurde im Hinblick auf das 500. Reformationsjubiläum 2017 durch eine umfassende Sanierung beseitigt. Auf den Grundmauern des Südflügels des Schlosses entstand ein Neubau: Im *Kirchenquartier Schlosskirchenensemble* wird ein Empfangszentrum für Besucher der Schlosskirche Platz finden. Zudem ist das **Evangelische Predigerseminar** eingezogen, zusammen mit einer reformationsgeschichtlichen Forschungsbibliothek.

DIE WITTENBERGER UNIVERSITÄT

(heute Stiftung LEUCOREA)

Gegründet wurde die **Universität Leucorea** im Jahr 1502. Der griechische Name bedeutet nichts anderes als *Wittenberg* (*leucos:* ‚weiß'; *oros:* ‚Berg'). Sie kann die eigentliche Geburtsstätte der Reformation genannt werden. 1508 kam Luther nach Wittenberg und übernahm zunächst einen Lehrstuhl an der Philosophischen Fakultät und nach seiner theologischen Promotion 1512 die Bibelprofessur. Mit dem Bau des Alten Kollegiums (südliches Gebäude) wurde 1503 Konrad Pflüger beauftragt, 1509 bis 1511 folgte das Neue Kollegium (nördliches Gebäude). Benannt wurde das gesamte Areal nach Kurfürst Friedrich dem Weisen: *Collegium Fridericianum*.

Von Anfang bot die neue Universität neuen Ideen eine Plattform und jungen Gelehrten Karrieremöglichkeiten. In den Fächern Poesie/Rhetorik (Literaturkunde) und Lateinische Grammatik zeigte sich der Einfluss des Humanismus. Daneben wurden Geschichte, Geographie, Völkerkunde und Griechisch gelehrt, später auch Mathematik/Astronomie.

› *folgende Doppelseite: Die Leucorea*

Diese wegweisenden Ansätze wurden durch eine grundlegende humanistische Studienreform zwischen 1517 und 1521 – seit 1518 unter der Leitung Melanchthons – institutionalisiert und 1536 mit einer weiteren Verselbstständigung der Naturwissenschaften ausgebaut. Sogar zwei frühe Vertreter des kopernikanischen Weltbildes konnten in Wittenberg wirken: Georg Joachim von Lauchen, genannt Rheticus, und Erasmus Reinhold.

Zwischen 1530 und 1620 war die Leucorea die meistbesuchte deutsche Universität. Vor allem aus jenen europäischen Gebieten kamen die Studenten, in denen sich die Reformation durchsetzen konnte.

Wegen der überragenden Bedeutung der Theologie standen die Leistungen an anderen Fakultäten ein wenig in ihrem Schatten: Bedeutende Mediziner waren Augustin Schurff und Jakob Milich. Die epochalen Gedanken des Naturphilosophen Paracelsus wurden besonders von Melanchthons Schwiegersohn Kaspar Peucer rezipiert. Den ersten Kaiserschnitt in Deutschland vollzog 1610 der Mediziner Jeremias Trautmann. Luthers Rechtsberater auf dem Wormser Reichstag 1521, der Jurist Hieronymus Schurff, prägte die Juristische Fakultät, die als „Mutter" eines neuen evangelischen Kirchenrechts Bedeutung gewann. Von

1734 bis 1738 wirkte Anton Wilhelm Amo in Wittenberg. Er stammte aus Ghana und war der erste bekannte afrikanische Philosoph an einer deutschen Universität.
Trotz dieser epochalen Leistungen und allen Aufbruchs: In den folgenden Jahrhunderten sollten die Dominanz der lutherischen Theologie und ihre Verengung zur Orthodoxie verhindern, dass neue geistige Strömungen wie der Pietismus und die Aufklärung ihren Platz fanden. Damit leitete die Leucorea selbst ihren Niedergang ein. Die Schließung der Universität bzw. ihre Zusammenlegung mit der Universität in Halle im Jahr 1817 war schließlich der

traurige Abschluss einer abzusehenden Entwicklung. Das gesamte Fridericianum wurde zur **Kaserne**, das Gebäude des ehemaligen Neuen Kollegiums nach 1842 abgebrochen. An seiner Stelle wurde ein neues Kasernengebäude errichtet. Nachdem die Stadt 1873 entfestigt wurde, gestaltete man die Gebäude zu Wohnhäusern um.

Nach dem Ende der DDR wollte man an dem traditionsreichen, aber verwahrlosten Ort wieder eine akademische Einrichtung mit einer engen Verbindung zur Universität Halle schaffen. So wurde im April 1994 die **LEUCOREA** als Stiftung öffentlichen Rechts an der Martin-Luther-

Universität Halle–Wittenberg ins Leben gerufen. Parallel dazu begann man mit der Renovierung der alten Gebäude. Hier residieren nun seit der Fertigstellung 1998 verschiedene Institute, Forschungs- und Lehreinrichtungen.

DAS MELANCHTHONHAUS

Es ist bezeichnend, dass Philipp Melanchthon in einem Haus lebte, das unmittelbar neben der Universität lag, war er doch neben Luther deren wichtigster Gelehrter. Schon in seiner Antrittsvorlesung „Über die Notwendigkeit der Verbesserung des Universitätsunterrichts" verkündete er 1518 das humanistische Bildungsziel und -programm. Damit begründete er seinen Ruf als „Praeceptor Germaniae" (Lehrer Deutschlands).

Nach seiner Hochzeit 1520 hatte Melanchthon zunächst an gleicher

Stelle in einem kleinen Vorgängerhaus gewohnt. Mit seiner Frau, den vier Kindern und einem Diener zog er 1536 in das neu errichtete Haus ein und lebte dort bis zu seinem Tod 1560. Bis heute ist die ursprüngliche Bausubstanz des Hauses weitgehend erhalten. Die einzigen originalen Teile der Inneneinrichtung sind zehn Wappengemälde an den Wänden des im zweiten Obergeschoss gelegenen *Scholarenzimmers*, die bei einer Restaurierung 1845 freigelegt wurden. Geschaffen wurden sie zwischen 1538 und 1543 von Studenten als Dank an den Hausherrn, die in seinem Haus wohnten oder an seiner *schola privata* lernten.

Wie viel Melanchthon auch später noch den „einfachen" Wittenberger Bürgern bedeutete, zeigt die Tatsache, dass ein Schornsteinfegermeister namens Sichler 1810 in einem Zimmer, das bis heute als Sterbezimmer gilt, eine private Gedenkstätte einrichtete. Die heute noch zu besichtigende Einrichtung des Hauses erfolgte durch Professor Kuhn vom Kunstgewerbemuseum Köpenick 1898/99, der dafür zeitgenössische Berichte über Melanchthons Tod auswertete. Man sieht die Wappen Wittenberger Reformatoren an den Wänden und über der Tür das Wappen Melanchthons: die erhöhte Schlange (Joh 3,14–16). Dabei

steht sein Wahlspruch „Ist Gott für uns, wer kann wider uns sein“ (Röm 8,31).
Der preußische Staat erwarb das Anwesen 1845, ein gutes Jahrhundert später wurde 1954 das Heimatmuseum im Haus untergebracht. Zur Melanchthon-Gedenkstätte wurde es

jedoch erst anlässlich des Reformationsjubiläums 1967. Nach einer umfassenden Sanierung von 2010 bis 2012 fand die neue Dauerausstellung „Philipp Melanchthon – Leben, Werk, Wirkung“ hier und in einem benachbarten Neubau ihren Platz.

DAS WITTENBERGER HAMLETHAUS

Legende oder Wahrheit? In der Nähe der Stadtkirche steht das sogenannte *Hamlethaus* (Foto S. 93), in dem der von William Shakespeare unsterblich gemachte Dänenprinz Hamlet während seines Studiums gewohnt haben soll. Allerdings ist diese Legende erst seit 1893 in Wittenberg schriftlich überliefert – nachdem Shakespeares Drama in Deutschland im letzten Drittel des 18. Jahrhunderts bekannt geworden war.

Dass Shakespeare seinen Hamlet gerade in Wittenberg studieren ließ, ist ein Beleg für die Ausstrahlung der jungen Universität und der Reformation bis nach England. Besondere Resonanz fand Philipp Melanchthon – an englischen Universitäten wurden viele seiner Schriften zu Standardlehrbüchern. Auch der wohl berühmteste Theatermonolog überhaupt, Hamlets „To be or not to be“ (Sein oder nicht sein), geht möglicherweise auf ein in England verbreitetes Lehrbuch aus der Feder Melanchthons zurück. In einem philosophischen Lehrbuch wird ausführlich ein logisches Grundprinzip erörtert: „Etwas, was ist, kann nicht gleichzeitig auch nicht sein.“

In Wittenberg erinnerte man sich im 19. Jahrhundert wohl deswegen

Volksbank Wittenberg
BECK'S

an Shakespeares Hamlet, weil im 16. Jahrhundert ein anderer dänischer Monarch tatsächlich in Wittenberg war, dessen Person nun mit der Person des Hamlet in den Legenden verschmolz: König Christian II. von Dänemark. Als Neffe des sächsischen Kurfürsten Friedrich der Weise sympathisierte er mit der Reformation und besuchte nach seiner Vertreibung aus Dänemark auch Wittenberg. Über Christians Wohnstätten gibt es verschiedene Quellen. Die Wittenberger Sage berichtet, dass er in einem Haus nahe der Stadtkirche gewohnt habe. Dabei könnte es sich um eine Studentenherberge, die ***Mercuriusburse***, gehandelt haben.

Das war ein 1502 errichtetes Eckhaus, in dem sich neben studentischen Wohnstätten auch Vorlesungsräume der Juristischen Fakultät befunden haben sollen. Das Gebäude wies in Richtung Westen einen stattlichen Ziergiebel auf. Und genau diese Burse war mit dem späteren Hamlethaus identisch. Es brannte 1904 leider völlig aus und wurde abgerissen. Wenigstens die schönen Renaissancegiebel und -fassaden wurden an dem wieder aufgebauten Haus dem Originalbau nachempfunden.

› *folgende Doppelseite: Lutherhaus*

LUTHERHAUS UND COLLEGIUM AUGUSTEUM

Der Zugang zum Lutherhaus erfolgt durch das später gebaute **Collegium Augusteum.** An dem mächtigen Deckenquerbalken des Durchgangs sieht man in altertümlicher Schrift den Lutherspruch: „Ich hab einmal des Papsts Dekret allhier zu Wittenberg verbrannt und ich wollt's wohl noch ein Mal verbrennen." Dieser Spruch wurde bei einer Renovierung des Predigerseminars 1909 an den Balken gemalt.

Vom Lutherhof aus, auf dem sich der botanische Garten der Universität befand, erblickt man das **Luther-**

haus, das ehemalige Augustinerkloster und Wohnhaus des Reformators. Hier lebte und wirkte er 38 Jahre lang, hier bildete sich seine reformatorische Erkenntnis heraus. Hier hielt er im heutigen „Großen Hörsaal" gelegentlich Vorlesungen, hier übersetzte und überarbeitete der Reformator die deutsche Bibel und diskutierte, feierte und scherzte mit Freunden und Anhängern. Und hier heiratete er auch 1525 **Katharina von Bora** und lebte mit ihr und den gemeinsamen Kindern; drei Mädchen und drei Jungen sollte Katharina im Laufe der Jahre gebären. Unmittelbar vor dem Haus steht seit 1999, dem Jahr ihres

500. Geburtstages, ein Denkmal für Katharina. Der lebensgroße Bronzeguss zeigt sie als selbstbewusste Frau, die resolut auf den ehemaligen Haupteingang zugeht, das *Katharinenportal* von 1540. Das Portal gilt als Geschenk Katharinas zum 57. Geburtstag Luthers. Über der rechten Sitznische sieht man die **Lutherrose**. Luther beschrieb ihre Symbolik 1530 so: „Das erste sollte ein Kreuz sein, schwarz im Herzen, das seine natürliche Farbe hätte, damit ich mir selbst Erinnerung gäbe, dass der Glaube an den Gekreuzigten uns selig macht. Solch Herz aber soll mitten in einer weißen Rose stehen, anzeigen, dass der Glaube Freude,

Trost und Friede gibt. Solche Rose steht im himmelfarbenen Feld, dass solche Freude im Geist und Glauben ein Anfang ist der himmlischen Freude zukünftig. Und um solch Feld einen goldenen Ring, dass solche Seligkeit im Himmel ewig währet und kein Ende hat."

Im Lutherjahr 1983 hatte ein kirchlicher Kreis von Friedens- und Umweltaktivisten um Pfarrer Friedrich Schorlemmer initiiert, dass Stefan Nau auf dem **Lutherhof** unter dem Beifall hunderter Teilnehmer ein Schwert zu einer Pflugschar umschmiedete. In Zukunft soll ein Denkmal an diese symbolische und mutige Tat erinnern.

Der Bau des **Augustinerklosters** begann 1504. Einbezogen wurden die Stadtmauer und zwei Stadttürme. Lange glaubte man, dass sich im südwestlichen Turm Luthers Studierstube befand, in der er das „Turmerlebnis" hatte, also die reformatorische Erkenntnis, dass die Menschen das göttliche Heil nicht durch ihr eigenes Wirken, sondern ausschließlich durch den Glauben erlangen, dass Christus mit seinem Kreuzestod für alle Menschen die göttliche Gnade erworben habe. Der Turm ist im 18. Jahrhundert abgerissen worden. Auf seinen Grundmauern steht seit 2003 das Eingangsgebäude. 2004 wurde im ehemaligen Garten die untere Etage eines anderen alten Turms freigelegt, der um 1515 errichtet worden war. In ihm fand sich auch eine Toilette. Wahrscheinlich ist nun, dass das der wirkliche Turm Luthers war, hatte er doch gemäß eines launigen Ausspruchs in den Tischreden das *Turmerlebnis* tatsächlich auf der „cloaca“, also der Toilette. Lange Zeit führten Luthers Gegner diesen Ausspruch als Beleg dafür ins Feld, dass seine Lehre vom Teufel stamme, galt doch die Toilette seit alters her als Ort des Teufels und böser Geister. Davon war schon der Kirchenvater Augustin überzeugt, lange Zeit neben der Bibel die wichtigste Autorität für Luther.

Augustin berichtete, dass einer seiner Schüler auf der „Kloake“ einen Psalmvers gesungen und damit die Entrüstung der Mutter des Kirchenvaters hervorgerufen habe. Augustin verteidigte nun den Schüler mit der Bemerkung, ein Gebet sei diesem Ort durchaus angemessen, da es in den Psalmen ja gerade um die Befreiung vom Schmutz des fleischlichen Lebens gehe. Diese Tradition hat Luther aufgenommen: Die „Kloake“ als Ort der Anfechtung sei gerade der Ort, an dem der Geist Christi wirke. Weitere vermeintlich grobianische Aussprüche Luthers bei Tisch unterstreichen das: „Alle Nacht, wenn ich erwache, so ist der Teufel da und will an mich mit dem Disputieren. Da habe ich erfahren, wenn das Argument nicht hilft ‚Christus ist ohne Gesetz und über dem Gesetz' [also wenn theologische Argumente nicht ausreichen], so weise man ihn flugs mit einem Furz ab."

Das Kloster war 1522 von den Mönchen selbst aufgelöst worden. Am 13. Juni 1525 heiratete Luther im Hause die ehemalige Nonne Katharina von Bora. Die Hochzeit war nicht nur ein wichtiger Wendepunkt in Luthers Leben, sondern auch ein kirchliches Politikum ersten Ranges. Der Reformator selbst wollte damit seine Lehre vom Priestertum aller Gläubigen mit dem eigenen Beispiel untermauern, während seine Gegner zu triumphieren glaubten, hatte der Reformator in ihren Augen nun bewiesen, dass er die Reformation nur begonnen habe, um seine „niederen Instinkte“ zu befriedigen.

Nach der Hochzeit schenkte der Kurfürst seinem Professor das Gebäude. Eine eigene Wohnung bauten sich die Luthers zwischen 1532 und 1541 auf der Nordwestseite des ersten Obergeschosses aus. Dazu gehörte auch die **Lutherstube**, das Wohn- und Arbeitszimmer des Reformators. Sie ist als einziger Raum des Hauses wenigstens in Teilen noch wie zu Luthers Zeit erhalten. Sie war als Zentrum seines Lebens auch ein

Ort der später gedruckten Tischgespräche. Tisch, Kastensitz und Wandbänke sind wohl aus Luthers Haushalt. Der mächtige Ofen und die heute zu sehende Ausmalung des Raumes stammen aus dem Beginn des 17. Jahrhunderts, als das Zimmer den Charakter einer Luther-Gedenkstätte erhielt. Ein besonders prominenter Lutherverehrer war Zar Peter der Große von Russland. Bei einem Besuch 1712 verewigte er sich mit seinem Namen in Kreide, der unter einem alten Glasrahmen an einer Tür zu sehen ist.

Im *großen Hörsaal* hat Luther gelegentlich auch Vorlesungen gehalten. Aber erst nach dem Bau des

Augusteums wurde der Saal stärker als Vorlesungs- und Disputier-Raum genutzt und als *Hörsaal Luthers* verehrt. Das Disputationskatheder von 1685 an der östlichen Stirnseite wurde erst 1883 im Lutherhaus aufgestellt. Es stand ursprünglich im Hörsaal des Fridericianums.

Die Erben Luthers verkauften das Gebäude 1564 an die Universität. Ein Jahr später wurden der nördliche Wendelstein errichtet und das Refektorium (Speisesaal) im Erdgeschoss eingewölbt. Nach der Beschießung 1760 diente das Haus von 1761 bis 1813 als Lazarett.

1834 richtete man eine ***Lutherschule*** als Armen-Freischule ein.

Das Haus begann langsam zu verfallen. Mit einem kompletten Umbau unter der Leitung von Friedrich August Stüler von 1853 bis 1877 wurde schließlich das Haus instand gesetzt und 1883 anlässlich von Luthers 400. Geburtstag das reformationsgeschichtliche Museum *Lutherhalle* eröffnet. Dazu gehören auch der ehemalige Speisesaal der Mönche sowie das Refektorium mit der Zehn-Gebote-Tafel aus der Werkstatt Lucas Cranachs d. Ä. aus der Zeit um 1520.

Nach dem Erwerb des Lutherhauses durch die Universität ließ Kurfürst August zwischen 1580 und 1582 den unbebauten vorderen Bereich durch den Erweiterungsbau *Collegium Augusteum* für die Universität nutzbar machen. Im ersten Obergeschoss dominierte der *Fürstensaal* mit der Bildergalerie der sächsischen Kurfürsten und Schirmherren der Universität. Von 1817 bis 2012 beherbergte das Gebäude das vom preußischen König gegründete Evangelische Predigerseminar. Bis 2015 wurde das Haus durch die Stiftung Luthergedenkstätten in Sachsen-Anhalt instand gesetzt und ist seitdem Standort von Sonderausstellungen.

WEITERE SEHENSWÜRDIGKEITEN

Wittenberg ist und bleibt die *Lutherstadt*. Diese Tatsache ist mehr Segen als Fluch, führt aber fast zwangsläufig dazu, dass andere kulturelle Traditionen und Stätten im Schlagschatten des Reformators bleiben. Auf einige andere sehenswerte Orte soll daher zumindest hingewiesen werden.

Das Geburtshaus des Physikers und Erfinders der elektromagnetischen Telegraphie, **Wilhelm Weber** (1804–1891), findet man in der Schlossstraße 10 („Haus mit der goldenen Kugel"). Es wurde 2010/11 restauriert.

Nach Plänen des Künstlers **Friedensreich Hundertwasser** wurde seit 1993 im nordöstlichen Neubaugebiet der Stadt (Schillerstraße 22a) eine 1975 errichtete Plattenbau-Schule umgestaltet. Der farbenprächtige und phantasievolle Bau beherbergt heute das Luther-Melanchthon-Gymnasium.
Diejenigen Besucher, die sich für nostalgisch inszenierte Alltagsgeschichte der DDR interessieren, können das ***Haus der Geschichte*** (Schlossstraße 6) besuchen.
Im östlichen Stadtteil Piesteritz findet man die ***Werkssiedlung***. Sie wurde von 1916 bis 1919 gebaut, um den Arbeitern des 1915 errichteten

Stickstoffwerks Wohnraum zu geben. Bis zum Jahr 2000 wurde sie im Rahmen eines Expo-Projekts saniert und ist seitdem die größte autofreie Wohnsiedlung in Deutschland mit über 360 Häusern.
Nicht weit davon entfernt (Rothemarkstraße 131) lockt seit 1998 vom 27. März bis 31. Oktober der **Alaris-Schmetterlingspark** viele Besucher an. Für Kinder ist besonders das NABU-Zentrum *Im Stadtwald* (Reinsdorfer Weg 46) mit einem kleinen Tierpark interessant.

› *Luther-Melanchthon-Gymnasium (Hundertwasser-Haus)*

WITTENBERG ENTDECKEN: FESTE, KULTURANGEBOTE UND AUSFLUGSORTE

Seit 1994 wird an jedem zweiten Wochenende im Juni anlässlich von Luthers Hochzeitstag (13. Juni) das **Stadtfest *Luthers Hochzeit*** (Foto) gefeiert. Mit seinem historischen Festumzug und etwa 100 000 Besuchern jährlich gehört es zu den schönsten deutschen Stadtfesten.
Jährlich wird der **Reformationstag** (31. Oktober) mit einem vielseitigen Programm begangen, um an den Beginn der Reformation zu erinnern:

Krümel

Gottesdienste, Kirchenmusik, Vorträge, Tagungen, Lesungen, eine Disputation, aber auch ein buntes historisches Markttreiben und Theaterveranstaltungen machen Wittenberg zu einem besonderen Besuchermagnet.

Weitere kulturelle Höhepunkte sind das **Maiblumenfest**, das **Weinfest** Ende Juli/Anfang August, die **Wittenberger Erlebnisnacht** Mitte August, der **Töpfermarkt** im September, das **Renaissance-Musik-Festival** im Oktober sowie die **Wittenberger Hofkonzerte** im Sommer.

Kabarett-, Theater- und Musikveranstaltungen sind im Clack-Theater (Markt 1) und in der Phönix-Theaterwelt (Wichernstraße 11 a) zu erleben.

Aber auch die umgebende **Natur** ist mindestens einen Ausflug wert: Naturfreunde finden in den Elbauen, in der Dübener Heide oder im Fläming Entspannung. Bei Kanufahrten oder Paddeltouren auf der Elbe sowie bei Wanderungen durch die Natur kann man die Schönheit der Landschaft genießen. Camping- und Wassersportfreunde haben einen idealen Anlaufpunkt direkt an der Elbe: das **MCE Marina-Camp Elbe** (Brückenkopf 1). Internationale Radwege, vor allem der **Elbe-Radweg**, sowie der Fläming-Skate laden aktive Freizeitsportler ein. Auf der Elbe kann man mit dem MS *Lutherstadt Wittenberg* Kaffeeausflüge, romantische Abendfahrten, beschwingte Tanzfahrten oder auch Tagesreisen erleben. Zudem bieten Reiterhöfe Ausritte, Kutsch- oder Kremserfahrten an – ein idealer Abschluss eines Tages in Wittenberg.

Aus dem lieferbaren Mini-Angebot

Mecklenburg-Vorpommern kulinarisch
Milch-Büchlein • Paleo • Pasta vegetarisch
Sachsen kulinarisch (auch engl.) • Sachsen-Anhalt kulinarisch • Schlemmerbüchlein
Schokoladenbüchlein • Sektbüchlein
Senfbüchlein • Süße Sünde: Schokolade
Süße Verführung • Süßes im Advent • Teegenuss
Thüringen kulinarisch • Trendgebäck
Weihnachten. Bräuche & Rezepte • Whisky

Literarisches

Das kleine Bach-Büchlein (auch engl.)
Die Geheimnisse der Familie Bach • Wilhelm Busch • Die Minibibliothek (Bibliografie)
Erzgebirgisches Weihnachtsbüchlein
Fange jetzt zu leben an • Faust-Zitate • Frauen
Frauen & Männer • Frauen-Weisheit
Paul Gerhardt • Goethe-Zitate • Große Sachsen
Gut beraten, froh gestimmt • Gute-Laune-Büchlein • HairAffair! • Heldenjungfrauen
Ich hab dich so lieb • Kinder sind die besten Philosophen • Liebe Mama ... • Liebe Oma ...
Lieber Opa ... • Lieber Papa ... • Martin Luther
Märchenkönig Ludwig II. (auch engl.)
Karl May • Mein Leipzig. Geliebtes Weltdorf
Wolfgang A. Mozart • Musenkuss – Richard Wagner • Nietzsche-Zitate • Nur mit dem Herzen... (Saint Exupéry) • Philosophinnen-Sprüche • Sandmännchen • Schiller-Zitate
Clara & Robert Schumann
Shakespeare für Verliebte • Theodor Storm
Thomaner-Büchlein • Wahrsagen à la Lenormand

Weisheiten aus dem Fernen Osten
Weisheiten der Welt • Wunderkinder
Heinrich Zille

Stadt & Land

Auf der Saale-Unstrut-Weinstraße
Auf der Sächsischen Weinstraße
Berlin für die Westentasche (auch engl.)
Burgen und Schlösser im Erzgebirge
Chemnitz für die Westentasche
Dresden für die Westentasche
Erfurt für die Westentasche
Görlitz für die Westentasche
Halle für die Westentasche • Herrnhut
Im Spreewald unterwegs
Kösener Spielzeug • Leipzig
Lutherstadt Wittenberg
Magdeburg für die Westentasche
Musikalischer Stadtrundgang durch Leipzig
Naumburg • Potsdam für die Westentasche
Parks & Gärten in Sachsen-Anhalt
Schwerin für die Westentasche
Weimar für die Westentasche

BuchVerlag für die Frau
Gerichtsweg 28 · 04103 Leipzig
www.buchverlag-fuer-die-frau.de